www.ingramcontent.com/pod-product-compliance
Lightning Source LLC
Chambersburg PA
CBHW021937160426
43195CB00011B/1125
* 9 7 8 1 0 6 9 0 2 1 0 1 4 *

انتشارات آسمانا

# با سایه‌هایم مرا آفریده‌ام

گزیده‌ی یک دهه شعر

هادی ابراهیمی رودبارکی

نشر آسمانا، تورنتو، کانادا

۱۴۰۳/ ۲۰۲۴

با سایه‌هایم مرا آفریده‌ام
نویسنده: هادی ابراهیمی رودبارکی
ناشر: آسمانا، تورنتو، کانادا
طرح روی جلد: محمد قائمی
صفحه‌آرا: ایلیا اشرف
نوبت چاپ: اول، ۲۰۲۴/ ۱۴۰۳
شماره آی‌اس‌بی‌ان: ۹۷۸۱۰۶۹۰۲۱۰۱۴

حق چاپ برای ناشر محفوظ است.

# با سایه‌هایم مرا آفریده‌ام

## هادی ابراهیمی رودبارکی

گزیده‌ی یک دهه شعر

۲۰۱۴-۲۰۲۴

با پیشگفتاری از

علی نگهبان

## خودزایی یک شاعر

شعرهای گردآمده در این دفتر گزیده‌ای از شعرهای هادی ابراهیمی رودبارکی در یک دهه‌ی گذشته است.

هادی را از سال‌های پایانی سده‌ی بیستم می‌شناسم، و در این یک چارک سده آشنایی، همواره او را شاعر دیده‌ام، هر روز در کار آفرینشی دیگر. پیوند او با شعر ولی به دوران بس درازتری باز می‌گردد، شاید نیم سده، از سال‌های دبیرستانش. هنوز دانش آموزی دبیرستانی بود که شعرهایش در مجله‌های ادبی چاپ می‌شدند. اگر چه از سال‌های دهه‌ی چهل خورشیدی تاکنون، زمانه و زندگی او و ما فراز و فرودهایی باور نکردنی یافته، پیوند او با شعر ولی هر روز استوارتر شده است.

این دفتر سومین گردآمده‌ی شعرهای او را در بر می‌گیرد، که خود گزیده‌ای از شمار زیادتری از سروده‌های اوست. به دشواری می‌توان هادی و شعرهایش

را زیر دسته‌بندی یا گونه‌ی شعری خاصی جای داد. از نظر درونمایه و موضوع، شعرهای او گستره‌ی رنگارنگ و گونه‌گونی را در بر می‌گیرند. شاید برای همین گستردگیِ دید باشد که او در دام این یا آن دبستان و نگره‌ی شعری و ادبی نمی‌افتد. زبان و نگاه خود را دارد.

یکی از پیش‌نیازهای شاعر بودن این است که به جهان درون و بیرون خود توجه داشته باشی و شاخک‌های حسی گیرا و نیرومندی در خود پرورش داده باشی، تا با زندگی و هستی در کنش و واکنشی فعال باشی، و نقش خود را بر آن بزنی و صدای خود را در سمفونی صداهای جهان رها کنی و بخشی از آن شوی. چنان‌که در کارنامه‌ی نزدیک نیم سده‌ی ابراهیمی دیده‌ایم، او گیرنده‌های حسی گیرایی داشته و کمتر رویدادی در پیرامون و در دیدرس او بوده است که نادیده گرفته شده باشد و در شعرهای او نیامده باشد.

کسی که از زادگاه و میهن خود برکنده می‌شود، جهان خود را با خود، در دل و سر، همراه می‌برد. از این روی، او همواره و همزمان در دو جهان زندگی می‌کند. شاعر تبعیدی در هر رویارویی با پدیده‌های پیرامون خود در جامعه‌ی میزبان، در ذهن و روان خود به زادگاه و میهن نخستین برمی‌گردد و به مقایسه‌ی آن پدیده در زندگی پیشین خود می‌پردازد؛ و به این ترتیب، ناخودآگاه به آن مفهومی تازه در جهان دوپاره‌ی خود می‌دهد.

*در بی‌کجایی‌ام*
*زبان*
*سرزمین مادری من است.*
*(ص ۱۱۶)*

> مشتْ مشت آب کاسپی را
> در دهان این جنازه جذرناپذیر
> می‌چکانم
> (ص ۱۳۲)


> من از سرزمینی عبور می‌کردم
> که سر نداشت
> و پر از جای پا بود
> (ص ۱۱۳)

**استعاره‌گریزی:** تصویرگری و استعاره‌پردازی به شکل‌های مختلف بر بیشینه‌ی شعر معاصر ایرانی چیرگی دارد. جالب این است که بسیاری از آن نگره‌هایی که در بنیاد با مانیفست‌هایی ضداستعاری اعلام موجودیت کرده بودند، آنگاه که پرده از رُخ برگرفتند، چیزی جز شیوه‌هایی جدید برای استعاره‌پردازی فرا دید نگذاشتند.

تصویر-محوری و اسیر بودن در استعاره پردازی دو شگرد شعری است که خود همزاد سانسورند. خورخه لوئیس بورخس آنگاه که از زندگی فلاکت‌بار در زیر حکومت خوان پرون نجات یافت، گفت دریافته است که «سانسور مادر استعاره است.»

کسی که ناگزیر می‌شود جوری بیاندیشد و جور دیگری بیان کند؛ کسی که ناچار می‌شود دوستی‌ها، علاقه‌ها، نفرت‌ها و آرزوهایش را پنهان کند و به جای آن‌ها چیز دیگری بنمایاند؛ کسی که ناچار می‌شود زندگی را در پرانتز بگذارد و چیز دیگری را به جای آن از سر بگذراند، معنی کارش تنها و تنها یک چیز است: پنهان کردن سانسور در لابه‌لای استعاره و به کمک آن.

آری، استعاره همزاد سانسور است. پس من با پوزش از بورخس، با اندکی اختلاف دیدگاه، گمان نمی‌کنم که سانسور مادر استعاره باشد. نمی‌توان گفت که از این دو کدام‌یک خاستگاه و کدام پیامدِ دیگری است. چرا که در بازشناسی استعاره و سانسور از یک‌دیگر، هر چه باریک‌تر شویم، بیشتر در می‌یابیم که داستان اینان مانند داستان مرغ و تخم مرغ است. آیا می‌توان پنداشت که نخستین استعاره برای این گفته شده باشد که سخن را آرایش کنند؟ اگر چنین باشد، پس استعاره خاستگاه سانسور خواهد بود. چرا که استعاره یعنی نگفتنِ چیزی که باید گفته شود؛ و به جای آن، گفتنِ چیزی که منظور خودِ آن چیز نیست، بلکه برای آن است که آن چیزِ گفته نشده دریافت شود! با این حساب، یک چیز حذف، پنهان، یا دست کم برای مدتی در لفافه پیچیده می‌شود: سانسور!

در سوی مقابل، اگر فرض را بر این بگیریم که نخستین استعاره برای آن گفته شده باشد که چیزی ممنوع را به شکلی نامستقیم بیان کنند، پس پذیرفته‌ایم که سانسور خاستگاه استعاره است. در هر شکل، این دو همزادند.

*هنگام که زبان*
*با فروافتادن سیب*
*لذت به جان*
*آدم و حوا ریخت*
*خدا نیز*
*در لا به لای آیه‌ها*
*پنهان شد*
*تا مگر به ضرورت*
*با آیه‌ای فریبا*

*نشانه‌ای بنشاند*
*از مرگ!*
(ص ۳۸)

امّا در شعر ایرانی استعاره همچون محور و تخته‌بند عمل می‌کند ـ هم در شعر سنتی و هم در شعر معاصر. هرگز کسی نتوانسته است چیرگی استعاره و تصویرپردازی را به چالش بکشد. این یعنی تخمه‌ی سانسور توانسته است اندیشه‌خانه‌ی شاعر ایرانی را به شکلی فرازَمانی چنان آبستن کند که خود به شکلی درونی آن را بازتولید نماید.

شعر ضد استعاره، یا دست کم بی اعتنا به استعاره، شعری که کار خودش، بیان خودش، کشف خودش را می‌کند و بی دوز و کلک، بی دست‌یازی به هر گونه زبانِ زرگری، آنچه را که باید بگوید می‌گوید، نمی‌تواند از تیغ سانسور جان به در ببرد.

شاعر ایرانی به جای آنکه بر این معنای ناگزیرِ استعاره چشم باز کند و به دنبال برون‌رفت از آن باشد، خود را دو دستی تسلیم آن کرده است. آیا این یادآور آن زندانی نیست که عاشق شکنجه‌گر خود شده بود؟

نگره‌پردازی‌های گوناگونی که در شعر معاصر شده است نه در سوی مقابله با سانسور، که در سوی ژرف‌تر کردن آن بوده‌اند. شیوه‌های بیانی بر پایه‌های نگره‌های گوناگون ادبی، بدون آن که از شناخت ژرف زندگی در آن محیط برآمده باشند، جز زورمند کردن بیشتر سانسور نتیجه‌ای نداشته‌اند. برای نمونه بنگرید به نگره‌هایی مانند چند معنایی بودن، یا تفسیرپذیری شعر، یا نگره‌ی شعر زبان‌محور. اگر در این بررسی به خود بحث‌های نظری بسنده نکنیم و به شعرهای برآمده از آنان نیک بنگریم، در خواهیم یافت که جز

گسترش همان اصل ازلی شعر فارسی، یعنی استعاره و تصویرپردازی، و در نهایت باج دادن به سانسور، کاری از پیش نبرده‌اند. تصویرپردازی به بهانه‌ی چندمعنایی کردن و تفسیرپذیر کردن شعر چیزی نیست مگر ادامه‌ی همان دیدگاه‌های زمان صفوی و قاجار که نازک خیالی و ظرافت طبع را می‌ستودند ـ و آنچه امروز در زیر شعر زبانی و پست مدرن و حجم و دموکراتیک می‌خوانیم چیزی نیست مگر همان نازک خیالی سده‌های پیشین، با جامه‌ای تئوریک.

شعر ابراهیمی شعری بی‌پیوند با استعاره یا ضد استعاره نیست. در شعر او استعاره یافت می‌شود، اما او به طور کلی بی اعتنا به استعاره است، و در شعرهایش استعاره نقشی پایه‌ای یا کلیدی ندارد. هادی در شعرش نشان می‌دهد که برای گیرایی شعر، نیازی به استعاره نیست.

> امروز مردگان احوال پرسیدند
> صدا از اعماق نه
> از نزدیک می‌آمد

> من رکاب زنان می‌رفتم.
> از رفتگان دور می‌شدم آیا؟
> یا که به بازماندگان نزدیک؟
> (ص ۴۳)

> جنگ پایان یافته‌بود
> و تو بازگشته بودی بی‌پیکر.
> (ص ۶۹)

*وقتی واژه‌های مهربان و صمیمی*
*مرگ مغزی شدند*
(ص ۱۲۳)

**استوره‌سازی:** شاید شگرد چیره‌ی کار ابراهیمی را بتوان توانایی او در استوره‌سازی دانست. استوره البته نه به معنای باورهای افسانه‌ای و روایت‌های بازمانده از پیش‌تاریخ در باره‌ی جهان و انسان، بلکه نگاهی که با جان دادن به اشیاء و گفتگو با عناصر طبیعی و مادی، ابعاد جدیدی از تجربه انسانی و ارتباط با جهان طبیعی را کاوش می‌کند. او همچون پیامبری با توانایی‌هایی خاص، زبان اشیاء و گیاهان و حیوان‌ها را می‌داند و به راحتی با آنها گفتگو و بده-بستان‌های احساسی و اندیشگی و فلسفی دارد.

*جاده خواب مانده بود*
*که از دل ظلمت*
*عبور کردم*
(ص ۶۶)

*سفر خیال‌بافی می‌کند.*
(ص ۶۸)

*سیب‌های رسیده و هوسناک*
*با رؤیای رسیدن*
*به سرانگشتان‌ات*
*یائسه و پیر می‌شوند*
(ص ۱۰۰)

**زبان‌آگاهی و زبان‌پردازی:** شعر هادی شعری زبانی یا زبان-محور نیست؛ ولی زبان‌آگاه است. او به زبان خود می‌اندیشد و آن را زبان را آگاهانه به کار می‌گیرد و با آن بده-بستانی آفرینشگرانه دارد. برای این کار از چندین شگرد بهره می‌گیرد، ولی یکی از شگردهایی که در کار او بیشتر خودنمایی می‌کند، پیوند دادن چند واژه در یک واژه است تا بتواند از آن ترکیب مفهومی بیافریند یا مضمونی بیان کند که اگر چنان نمی‌کرد ناچار می‌شد در چند واژه یا جمله آن را توضیح دهد.

در اشعار او، هر یک از یگان‌های شعر در دو محور همزمان تکامل می‌یابند. به این معنا که هر کلمه یا تصویر در شعر او هم در سطح واقعیت عینی روبنایی، و هم در سطح درکی ژرف‌تر مانند برداشت‌های فلسفی، تاریخی، فرهنگی تکامل می‌یابد. این نوع از تکامل همزمان به اشعار او ژرفا و چندلایگی می‌بخشد.

*کودکِ گریزپایِ مفروشِ خیابانم*
*در بی‌مکاناَبادی*
*کارتن‌های شب‌پا*
*خوابم را در آغوش می‌گیرند*
(ص ۶۳)

*تنانگی ما کاش*
*اغوای تنآغوشی را*
*پروا نمی‌کرد.*
(ص ۱۰۸)

**بازتاب خیابان در شعر:** شمار زیادی از شعرهای هادی دارای زمینه‌های اجتماعی و سیاسی هستند. این گونه‌ی شعری پیشینه‌ای به درازای تاریخ

کنش‌های اجتماعی دارد. آخوندزاده که از نخستین مطرح کنندگان و پیشنهاد دهندگان بریدن از شیوه‌های سنتی ادبی فارسی و توجه به زمینه‌های سیاسی و اجتماعی بود می‌گوید: «اگر این قاعده ... در ایران نیز متداول شود، هر آینه موجب ترقی طبقه‌ی آینده‌ی اهل ایران در دانستن السنه شرقیه خواهد شد. خصوصاً که بعد از این قاعده از نظم غزل و قصاید در این اوقات بی مضمون و بی‌لذت گفته می‌شود و هیچ فایده ندارد دست برداشته، به گفتن شعر در سیاق مثنوی مثل شاهنامه فردوسی و بوستان شیخ سعدی و امثال آنها که متضمن حکایت و مبین احوال و اطوار طوایف مختلف‌اند شروع خواهند کرد. و در نثر نیز از قافیه و اغراقات کودکانه و تشبیهات ابلهانه بالکلیه اجتناب نموده، فقط در پی مضمون مرغوب خواهند رفت.» *(آخوندزاده، مقالات فارسی).*

*در جاده‌ی هموار و شوسه*
*راه می‌رود بی‌شتاب*
*مردی با قلاده‌ی سگِ لنگ در دست*
*و کوله‌بار بطری‌های خالی بازیافتی*
(ص ۵۲)

آخوندازده در جایی دیگر می‌نویسد: «چنان می‌پندارند که پوئزی عبارت است از نظم کردن چند الفاظ بی معنی در یك وزن معین و قافیه دادن به آخر آنها، در وصف محبوبان با صفات غیرواقع یا در وصف بهار و خزان با تشبیهات غیرطبیعی. از متأخران، دیوان قاآنی از این‌گونه مزخرفات مشحون است. اما ندانسته‌اند که مضمون شعر باید به مراتب از مضامین منشآت نشریه مؤثرتر باشد. و حال آنکه پوئزی باید شامل شود بر حکایتی یا شکایتی در حالت جودت، موافق واقع، و مطابق اوضاع و حالات فرح‌افزا یا حزن انگیز، مؤثر و دلنشین چنان‌که کلام فردوسی ... است.» *(آدمیت، نشر بی‌تا: ۲۴۸).*

آشکار است که در خوانش شعر اجتماعی-سیاسی، توجه اصلی ما به زمینه‌ی اجتماعی، تاریخی و سیاسی اثر است. بنا بر این، می‌توان گفت که این عرصه در بررسی و نقد ادبی، قلمرو بی‌همتای گفتمان چپ است و بسیار مدیون نظریه‌پردازان این نوع اندیشه و کنش است. شعر سیاسی، با ارجاع و بهره‌گیری پیوسته از وضعیت سیاسی و اجتماعی، شیوه‌ای خلاقانه برای به کار بستن و عملی کردن حق آزادی بیان است.

شاعر به این ترتیب دیدگاه‌هایش از جهان را بیان می‌کند، و افزون بر آن‌که بر خوانندگان خود تأثیر می‌گذارد، به آن‌ها نیز امکان می‌دهد تا معنی خود را از آن برداشت کنند.

*در آغاز*
*شبقِ گیسوانِ رهاشده‌ات*
*شجاع‌ترینِ شعارِ خیابان بود*
*و بعد گام‌هایت*
*بی‌باکی‌ات را به سوی*
*پاس‌گرد و بسیج گشت برد*
*تا چشم در چشم شوی!*
(ص ۲۹)

**تجربه‌گرایی:** ابراهیمی به عنوان شاعری تجربه‌گرا، از آزمودن زبان و سبک‌های ناآشنا باکی ندارد. تجربه‌گرایی در شعر به معنای استفاده از تجربیات شخصی، عواطف و مشاهدات زندگی روزمره در خلق اثر است. ابراهیمی با بهره‌گیری از این ویژگی، آثاری می‌آفریند که نه تنها به واقعیت نزدیک هستند، بلکه بعُدی جدید و خیالی نیز به خود می‌گیرند. این ویژگی نشان‌دهنده‌ی جوان ماندن و ریسک‌پذیری شاعر است که به او اجازه می‌دهد تا با زمان و تجربه، در شعر خود تجربه کند.

*اکنون*
*میانْ‌سال کودکی‌ام*
*که از شدت بیداری درد*
*با ترک‌خوردگی پوستْ‌رنج تن‌ام*
*این‌بار*
*مرا را*
*با سایه‌هایم*
*می‌آفرینم*
(ص ۱۲۰)

*ساقه‌های نزارِ سختْ بِرَنج*
*میل بِرِنج‌دانه‌گی می‌کند باز*
*از بِرِنجْ‌زار گشنه‌ی برزه‌گاو.*
(ص ۹۶)

اراده‌ی زندگی‌خواه در مقابل مرگ: ابراهیمی در اشعار خود به موضوع مرگ و زندگی می‌پردازد. او با تصویر کردن صحنه‌های کشتار و مرگ، سعی دارد اراده‌ی زندگی‌خواه خود را نشان دهد. این تضاد بین زندگی و مرگ در اشعار او به گونه‌ای است که همواره زندگی را پیروز می‌بیند. این دیدگاه نشان‌دهنده‌ی عشق عمیق او به زندگی و انسانیت است.

**علی نگهبان**

۴ آگوست ۲۰۲۴ - ونکوور

با سایه‌هایم مرا آفریده‌ام

## خیابان (۱)

در خیابان بود
که دست‌هایمان
عاشق‌ترین عاشق‌ها بودند

در خیابان بود
که شقاقِ دل ساچمه‌خورده‌ام را
روی سینه
سنجاق زده بودم
در خیابان بود
که مردی جوان
دست یاری‌رسانِ گل خونی‌اش را

به سویم تعارف کرده‌بود
و از چهره‌ی جوان‌اش
خون جاری بود

هم‌خون نبودیم اما
خون‌هایمان
در کف خیابان
به‌هم پیوسته‌بودند

در زخمِ تنهایی‌امان
تنها نبودیم
یک خیابانِ زخمی با ما بود

تا لخته شود خون
قطره‌هایش
وسط شعارهامان
می‌پرید

شعار می‌دادیم:
همه فصل‌ها را آبانیم
هر روز در خیابانیم

در خیابان بود

که دست‌هایمان
عاشق‌ترین عاشق‌ها بودند

تو با یک چشم
و من با هردو چشمم
به دنبالِ چشمِ له شده‌ات
در کفِ خیابان می‌گشتیم
خیابان مرز است
و دشمن
کفِ خیابان را
خالی می‌خواهد
خالی‌ی
خالی

خیابان اگر خالی شود
دشمن
از پشت بام‌ها می‌آید
از پشت پنجره‌ها می‌آید
و به داخل خانه‌های‌مان می‌آید
می‌آید
می‌آید
می‌آید تا چشم بدزدد
تا سینه بدراند

تا به هر آن چیزی که نام‌اش
زندگی و زیبایی است
تجاوز کند

در خیابان است
که دست‌هایمان
عاشق‌ترین عاشق‌هایند

در خیابان است
که دهان‌های کوچک
به بلوغ کلام می‌رسند

فریادهایی که از دهان‌های
کوچک برمی‌آید
ترس بزرگانِ پار و پیرارِ
نشسته در
پشت پنجره‌ها
پشت بام‌ها را
فرو می‌ریزد

خیابان است
که گربه‌ی نشسته بر پشتِ پنجره‌ی جهان را
به‌حرکت درآورده است

در خیابان بود
که حنجره‌های کوچک
فریادهای بزرگ کشیدند
و ترسْ! از ترسْ
زَهره تَرکاند وُ
به «سلامِ فرمانده» رفت

## خیابان (۲)

آن که یقه‌ی گِرد داشت
نام‌اش ارشاد بود و چشمایش گشتْ
دهانش تفنگ وُ
کلامش فشنگ
گشتْ می‌زد وُ
هی می‌زد

گشتْ می‌گشت وُ
با نیش چشم‌هایش
گِرد مو و تن و پستان‌ام می‌گشت

خیابان ناامن شده بود
با چشم‌های هیز
که شراره‌های آتش-به-اختیار
از آن زبانه می‌کشید

لقلقه‌ی دهان حَرَس‌گَرد
گشادتر از
دهانه تفنگ‌اش بود
که در خیابان
برای سلطانش چشم می‌خواست
و از چهره‌ی زیباترین‌شان
به شکار چشم می‌آمد
تو اما چهره نمودی آبی
و همه‌ی ایران را
به خیابان بردی

در آغاز
شبقِ گیسوانِ رهاشده‌ات
شجاع‌ترینِ شعارِ خیابان بود
و بعد گام‌هایت
بی‌باکی‌ات را به سوی
پاسْ‌گرد و بسیجْ‌گشت برد

## تا چشم در چشم شوی

خیابانْ
سلطنت‌آبادْ نام گرفت وُ
آباد نشد
جمهوری، خیابان نام گرفت وُ
جمهوری نشد
میدان، نامْ آزادی گرفت وُ
آزاد نشد
و ما
همچنان در خیابان
تنها وارثان میدانِ انقلاب‌ایم

## خیابان (۳)

تازه از خیابان برگشته بودیم
با رد شلاق و ساچمه و جنون
با خموشی درد و سرگشتگی یک مجنون
نگاه مادر
پریشان‌حال و پرسش‌گر

به تهران آمده‌بود ژینا
تا به پیشواز مهر برود
گیسوانش را
با مِهرْگیاه آراسته بود
و آفتاب موهایش را

به‌سوی خود کشید

یک سال گذشت
واژه‌هایم هنوز هم مجروح‌اند

باز به شعر پناه آوردم
با واژه‌هایی که
هبوط رنج‌های همیان‌شده‌ی پار و پارینه سال‌هاست

آری
پس از تو
توفانی به راه افتاد
ژینا

گُردآفرینان ایران
خَفتان از سر و تن برگرفتند
گیسوان‌شان چون باد بر بام ایران و جهان وزید

نامت رمزی شد و
به نام‌های زیبای دیگر رسید
فارغ از سن و جنسیت

در اولین سالگَردت

هر تار مویی که در واژه‌های شعرم
قیچی می‌کنم
به مِهرگیاه می‌آرایم
تا آزاد و رها
به آفتاب رو کند

### خیابان (۴)

خیابان که راه می‌افتد
پیاده رو را نیز
با خود به راه می‌اندازد
و ساختمان‌ها و آپارتمان دوی سویش نیز
با خیابان به راه می‌افتند

چشم‌ها و گوش‌ها
حنجره‌ها را باز می‌کنند
دهان‌ها...
دهان‌ها...
می‌لرزانند چون زلزله ...

## خیابان (۵)

در خیابان بود
که زمزمه می‌کرد زن:
از مانمایی
رونمایی نکرد
شبکه‌ای که
«من»‌ام را به سرقت برد
تا به «تو» برسد.
هیچ تصویر روشنی از
«من» و «تو»
به «ما» نرسید
جز شبحی با
وعده‌های گیج کلامی

### کاسپی آبی چشم

به دخترم فرگل

همین آبی چشم‌هایت
مشتی است از
آب دریای کاسپی

از طوفان گذر کردیم
خانه‌مان هنوز
در آب
کژ و مژ می‌شود
ولی خورشید را
پاس داشته‌ایم
تا در اقیانوس
غرق نشود

اقیانوس آرام
از آبی چشم‌هایت
رنگ می‌گیرد
و چشم‌هایم
از آبی کاسپین

فردا دوباره
آفتاب و
آبی چشم‌هایت

و من چقدر
چشم‌هایت را
دوست دارم

## آدم و حوا

هنگام که زبان
با فروافتادن سیب
لذت به جانِ
آدم و حوا ریخت
خدا نیز
در لا به لای آیه‌ها
پنهان شد
تا مگر به ضرورت
با آیه‌ای فریبا
نشانه‌ای بنشاند
از مرگ

**گم‌شده**

آمده‌ام تا به تو برسم
نرسیدم
هنوزا هنوز

نامت را نمی‌دانم
اما حسی مرا به تو می‌رساند
همیشه با من است
امید
مرا هی دوره می‌کند

در من هنوز

چیزی گم شده‌است
در من
هنوزْ گم شده‌است
حس‌هایم را
گم نکرده‌ام
به تو رسیدن را نمی‌یابم

ذله‌ی به تو رسیدنم
نه در هنوزم
نه در ماضی
و نه مطلق‌ام
در استمرار و تکرارم باز

چه حالی صرف کنم
چه زمانی
زمان حال دیروز
حالِ زمان فردا
بی‌زبان نه
بی‌زمان و بی‌هنگامم

آمده‌ام تا به تو برسم
نرسیدم
هنوزا هنوز

## انار

از سرخوشی نیست
این قهقهه‌ی سرخْ‌دندانی
انفجارِ بغضِ نادیدگی از
رویش و فرگشتگی است
که با سینه‌ی چاکاچاک
هنوز دل از شاخه
نکَنده‌است

سرخی دانه‌گونِ نشسته بر
دامن سبزِ درخت
فراگستردن بیداری و ماندگاری است

که مَردُم چله‌نشستگان
از فروزشِ بامداد
دل نبریده‌اند

### احوال نیستندگان

امروز مردگان احوال پرسیدند
صدا از اعماق نه
نزدیک می آمد

من رکاب زنان می‌رفتم
از رفته‌گان دور می‌شدم آیا
یا که به بازماندگان نزدیک

چالش دم و بازدم
نه دور می شدم
نه نزدیک!

نه می‌رسیدم
نه باز می‌گشتم

باز مانده‌ام باز
سرگشته در
بازی دوچرخهٔ زمان

## فوگ شمشیر

من از فوگِ شمشیر
سپرهای فروافتاده در تصویر
از تورق در
برگْ برگِ مرگْ
سخت می‌هراسم

من از آهنگ و وزنِ هووخشتره
من از بی‌مرگیِ خشمِ خشاتریا
ز سنگینی نام ذوالاکتاف
سخت می‌لرزم

من از مهربانیِ شرطی
از ارباب اِنجیلی
من از مرگ مقدس می‌ترسم

من از برگْ برگْ متنِ تاریخ
از خُود و نیزه و شمشیر
از سپرهای فروافتاده در تصویر
سخت می‌هراسم من

**ترس**

ببین
چه شیرینِ شیرین
می‌گریم
وقتی کودکان
از تنها بستنی‌فروشی بازِ نوارِ غزه
ترس را
شیرین می‌لیسند

گلوی خشک شده از ترس
زیر غرشِ بمب‌افکن‌ها و تانک‌ها
نگاه آمیخته با خاک و خُل

بستنی ترس را
چه شیرین می‌بلعند
آه
جهانِ تماشاگر
هیچ‌گاه بدین میزان
ترسناک نبوده‌است
ترسناک‌تر از بمب
هراسناک‌تر از تانک


جان آدمی است
که چون هندوانه‌ای شیرین
در نوار غزه
قاچ قاچ می‌شود
و جهان
شیرینْ شیرین
له‌شدن‌اش را نظاره می‌کند


در تماشای شیرینِ جهانِ نظاره‌گر
مرگ شیرین می‌شود
شیرین‌تر از بستنی
سرخْ‌گواراتر از هندوانه
وقتی قطره‌ای از ترسِ کودکان
در چشم تماشاگر جهان نمی‌چکد

در چشم کودکان غزه
جهان
ترسناک‌تر از ترس
می‌شود!

## طوق سپید و سیاه

*برای بکتاش آبتین*

مُهرْپیشانی
داغِ ننگِ نخبه‌کشی است

مَردُمِ هر پرندهٔ آزاد
تمیز می‌دهد
مُهرْگناه
از
مِهرْگیاه

داغِ ننگْ‌خورده است این

بر پیشانی
ای سر به‌باد داده
به طوق‌های سپیدُ سیاه

## شب و پل

به بی‌خانمان‌های زیر پل در چیلیواک *

در جاده‌ی هموار و شوسه
راه می‌رود بی‌شتاب
مردی با قلاده‌ی سگِ لنگْ در دست
با کوله‌بار بطری‌های خالی‌ی بازیافتی.

سایه‌ی کوله‌بارش
او را
و سایه‌ی کژ و مژ سگ را می‌کَشد
زیرِ قرص کامل ماه

از چشم شهر پنهان می‌ماند
مردِ بی‌خانمان
با سگِ لنگ‌اش
و شبْ زیر پل
به‌خواب می‌رود!

---

* شهری در استان بریتیش کلمبیا - غرب کانادا

## تاسیانی\*

*برای محمد محمدعلی و کارگاه داستان‌نویسی او*

چون هیمه‌ی خیسْ
شعله‌ور نمی‌شود
در آتش
تا که خاکستر شود
تاسیانی
دود می‌کند
تا که سو
بسوزد
و
چشم

پر آب شود

بی‌تو
چه تاسیان است

---

* تاسیان واژه‌ای گیلکی است که به سختی بتوان برابری در فارسی برای آن یافت. نزدیک‌ترین معنی حس و حالی‌است که درغیبب و یا مرگ عزیزی به آدم دست می‌دهد. فرهنگ دهخدا: «دلتنگی غریب»، «غم فزاینده».

## خفتان

*برای مهسا و همه گُردآفرین‌های ایران*

باد، لهجه‌ی گیسوهایت را داشت
مواج و ریتم‌دار
بر بامِ ایران و جهان
صَفیر کِش و توفنده
زن زندگی آزادی

گُردآفرین ایران
خَفتان از سر و تن برگرفت
گیسوانش بر باد وزید
طوفانی به راه افتاد
بادخیز و توفنده

## فرفره کاغذی

*برای نوه‌هایم «کاس» و «آزاده»*

زبانم را گاز گرفتم وقتی
واژه‌ها روی آن
به خواب رفته‌بودند

رویاهایم
به‌تمامی زخمی و خونی
پاره پاره درون ذهنم
می‌چرخیدند

از خواب برخاستم
خورشید از نردبان بالا آمده‌بود
از پشت کرکره‌ی پنجره

دیوار اتاقم را
هاشوری به رنگِ زرد
زده‌بود

فرفره‌ای از کاغذِ رنگیِ مقوایی
برای نوه‌هایم ساختم.
فرفره با باد می‌چرخید
و قهقهه‌ی چشم‌های «آزاده» و «کاس»
با چرخش فرفره

از زخمِ زبانْ
دیگر نهراسیدم
و زبانم
چون فره فره
در دهانم می‌چرخید
و واژه‌ها را
قربانْ صدقه می‌رفت

## آتش در آتش

«به بی‌خانمان‌های آتش و دود» در بریتیش کلمبیا

آسمانم آتش گرفت
هوایم نیز

هوایم آتشی است
هوا هوا
هوا نیز آتش گرفته است

درخت خموشانه
جنگل خموشانه
هوا خموشانه
و خورشید و آسمان نیز

در غیبت باران
گر گرفتند و خموشانه
با آتش می‌سوزند


دود خموشانه
دود می کند
و دود
دود نمی شود و آواره شود
دود هوا ندارد
دود در دود
خفه می شود
و آتش در آتش می‌سوزد


شهر دارد دود می شود و
در دود گم می شود
شور و شوق شهر گم می‌شود
شکیب ستوار کوه گم می‌شود
حضور تَن‌ها گم می‌شود
تنهایی‌ام اما
دود نمی‌شود تا آواره شود


هوایم آتشی است امروز
امروز هوایم آتش گرفته است

**جیک جیک منقارهای گرسنه**


رقصِ شاخه‌ها
با جوانه‌های نورُسته
نفسِ معطرِ درخت

فصل لانه‌تکانی و
رُفتن تار عنکبوت
از آشیانه‌ی منتظر

عشق‌بازی زیر سقف شیروانی
فصل لانه‌ی گرمِ تخم‌گذاری
تولد جیک جیک منقارهای گرسنه

چینه‌دان سیر شده و
پرهای آماده پرواز

پرستوها
دوباره آشیانه‌شان را
بازپس‌گرفته‌اند

بهار است

## کارتون‌های شبْ‌پا

پاهای کودکی‌ام
گریخت از من

اکنون
کودکِ گریزپایِ مفروشِ خیابانم
در بی‌مکاناآبادی
کارتون‌های شبْ‌پا
خوابم را درآغوش می‌گیرند

### وهم صدا

اطرافم را صدا گرفته‌بود
هوا نمی‌توانست
نفس بکشد
از آلودگی صوتی
بلندگوهای سحرخیز

تا گوش کار می‌کرد
وهم صدا بود و
گرفتگی ذهن

هیچ کپسول آتش‌نشانی

حریقِ دهان بلندگوها را
خاموش نتوانست کرد
فضایم را خدا
به تمامی اشغال کرده‌بود
و جای هیچ سوزنی
برای نشستن واژه‌هایم
نمانده‌بود

آسمانم از بی‌هوایی
به نفسْ نفس افتاده‌بود
من نیز

آلودگیِ صوتی
از درز پنجره‌ها وارد می‌شد
و اتاق
متورم و دَم کرده‌بود

در این هوای وهمِ راکد
تنها رقصِ واژه‌ها
ذهنم را
پنهانی می‌رقصاند

**جاده**

جاده خواب مانده‌بود
که از دل ظلمت
عبور کردم
رد پاهای به جا مانده‌ام
نای ماندن نداشت
تا با سیاهی
درنیامیزد

جاده خواب مانده‌بود
واژه‌های عبور
چون قطره‌های سپید

در چشم‌های خواب‌آلودم
چکه چِکه
بیداری می‌ریخت

و جاده
خواب مانده‌بود

## خیال

جفتی کفش
جلوی درِ بسته‌ی آپارتمان
هم‌نشینِ ساکی با زیپ بسته
روزهاست
مگو و خاموش نشستهُ
سفر خیال‌بافی می‌کند

## خواب پنجه‌ها

*به جان‌باخته‌گان زلزله سرپل زهاب*

جنگ پایان یافته‌بود
و تو بازگشته بودی بی‌پیکر

پیکرت در بلندی‌های بازی‌دراز
جا مانده بود
و گرمی بوسه‌هایت بر لبم

نگاه نافذت هنوز
سبز مانده‌است در قاب عکس

من رفته‌ام زیر آوار

به بهانه‌ای که
نامش زلزله است
در همین حوالی تو
زیر بلندی‌های بازی‌دراز
که پیش از این بارها با
«خمسهٔ‌خمسه»* و «چلچله»**
لرزیده بود

تو از پل‌اش
بارها گذر کرده بودی
و از زهاب‌اش بارها نوشیده بودی

من رفته‌ام زیر آوار
در دشتِ قراویز

تنها نیستم؛
سازت هست
که در سکوت‌اش
خواب پنجه‌هایت را می‌بیند

همه‌ی خاطراتِ سازت
له شده زیر آوار
و با دهانی پراز خاک

کنار من زیر آوار مانده‌است
پیکِرت نیست اما
بی تو نیستم
بوسه‌های داغِ به‌جامانده‌ات
هنوز لب‌هایم را می‌سوزاند
و چشم‌های نافذِ سبزت
از قابِ شکسته به من می‌نگرد

حلقه‌ات که یاد ترا تنگ
درانگشتم گرفته‌است
با من‌است هنوز

تا خاک خیال‌ام را پر کند
بی‌تو نبودم
زلزله مرگ را
در درون‌ام می‌لرزانَد
و آخرین خاطره‌های به‌جامانده از
چشم‌ها و بوسه‌هایت
زیر آوار خاک
دفن می‌شود

---

*خمسه خمسه و ** چلچله از صلاح‌های جنگی در جنگ با عراق

### جهان تنها

جهان
تنها
خیابان تنها
شهر تنها
عشق تنها
زمین تنها
تن‌ها
تنهاتر از
تنها

آغوش در تنهایی خود

افسرده
لب از لبِ خود
رنجیده
بوسه در حسرت بوسیدن
درمانده
نوروز از راه رسیده
سبدی پر گل
از طراوت امید
آورده

بهار
بی بگومگو
با دهانی پر از
شکوفه
می‌بوسد و به‌آغوش می‌کشد
جهانی که در خود
تکیده

**چند گفتمان با مرگ**

۱
همه عمر
به دنبال من دوید
کی می‌رسد تجربه‌ای که
مگو و بازگونشدنی است

۲
خدا نیز می‌میرد
و دوباره
با مرگ هر آفرینش‌باوری
آفریده می‌شود

و با مرگ هر آفریده‌اش
می‌میرد

۳
بی‌شمار آزموده است
من اما
نَیازموده‌ام هنوز
آزموده‌ی نیستندگانِ مرگْ‌آزموده را

۴
تا مرگ را تجربه کنم
با زندگی
این کلاه، آن کلاه
می‌کنم

۵
تمام شب
مرگ درون سینه
دل دل کرد

پگاه
پلک‌هایم را
سوی طلوع گشود

## رها در باد

بر چهره‌ی عبوس و گرفته‌ی شهر
گیسوانِ رهایتان
کمی لبخند و امید
نشانده‌است

حنجره‌ی خناق گرفته‌ی شهر
کمی باز شده
و شهر دارد راحت‌تر
نفس می‌کشد

ای همه زیبایی

بیش‌باد
سر بر شانه‌ی شهر بگذار
و موهایت را
به دست باد بسپار

تمام درختان
در پیشواز جشن رهایی‌ات
شکوفه خواهندداد

میوه‌های شیرینی
در فصلِ
«زن زندگی آزادی»
به‌بار خواهندنشست

## نخل‌های تیرآجین

*شعری برای جنوب میهنم*

سپیدْرود
خون می‌خورَد
هنگام که جانِ تشنه‌ی جنوب
ترَک می‌خورد بر
پوستِ
«حمیده» و «عبود» و «امیرو»

در جنوب
حقابهْ
خونابه‌ای شد
بر شقاقِ تنِ امُ‌خلیل و امُ‌صبیه

و دردِ شُره می‌کند
بر تنِ چار جهات میهنم

باشو
غریبه‌ی کوچک
که بوی باروت و زخمِ جنگ را
در آبِ سپید رود التیام بخشید
اینک عاقلهٔ گیله‌براری شده
که دخت‌اش منیرو
آب کاسپی را مشت مشت
روی رود کارون که در نقشه‌ی جغرافیا
هم‌چنان آبیِ آبی مانده‌است می‌ریزد

«عبود» اشک‌هایش را
برای گلوی ماهی «زبیدی» و «خارو» و «راشکو»
جمع می‌کند

امُ‌جلیل پستانش تیر می‌کشد
هنگام که گاومیش شیردهِ تشنه
نگاه بی‌رمق‌اش
به خونِ جاری «جویدر» برکف خیابان
دوخته می‌شود

نخل‌های تیرآجین از ترکشِ توپ و خمپاره‌ی جنگ
که تاکنون سرپا مانده‌اند
امروز از تماشای مادرِ امیرو
که از برکه‌ی حقیری آب می‌نوشید
سر خم کردند و زانو زدند

سپید رود
پسِ ستیغِ البرز
خون می‌خورد
از تشنگی کارون
و موج موج بر سینه کوه می‌کوبد

### در ستایش زایش‌آوران آزادی

نامت به تعدادِ
درختان و کوهان و
پرندگانِ این سرزمین

نامت
به تعدادِ زنان و مردان و کودکان
ماه و ستارگانِ درخشانِ این آسمان
جاندارانِ جنگل و دریا
به هر زبان و لهجه‌ی اقوامِ دیرینِ این سرزمین
بر زبان رانده شده‌است

ایرانِ من
هر ستاره‌ای که چشمک می‌زند
هر برگی که بر شاخه‌ای می‌رقصد
هر موجی که از دریای کاسپی برمی‌خیزد
هر تلألوی نوری که از آبی خلیج فارس برمی‌تابد
نامت را صدا می‌زند

پروازِ بالِ خونی هر پرنده‌ای
دیده‌یِ زخمیِ هر ساچمه‌خورده‌ای
از شمال تا جنوب
از شرق تا غرب
نامت را پژواک می‌دهد

ستارگانِ درخشانِ ذهن و جان
نیستمندانِ هستمند از نهفت خاک
هستمندانِ داغمند از نهان دل
زیستمندانِ دردآگینِ زخم‌دار
نبرْدپیشه‌گانِ زن و مردِ گُردی‌صفت
کودکان و جوانانِ صد گُردآفرید
زایش‌آوران نامت
دردگینانهٔ زایش‌ات را
با آه
بر زبان می‌رانند

آه
آزادی آزادی
آ
زا
دی

## باور*

به ندا آقاسلطان

دخترم!
گفته بودی کشته می‌شوی
باورت نکرده بودم

آنقدر جان جوان زندگی در تنت
زیبا می‌رقصید
که واژه‌ی مرگ
از دهانت شنیده نمی‌شد.

آن چشم باز ات
هنوز زندگی را می‌رقصد

چگونه باور کنم
هنگام که مرگ نیز
از باورش شرم می‌کند

گفته بودی رنگ شرابی را دوست داری
شراب زندگی
از خط نازک ابروانت
آرایش زیبای پنهان و پیدایت
موهایت را
شرابی کرد

گفته بودی بهای آزادی ایران‌مان را
تو می‌پردازی
با جان جوان و شیرینت

باورت نکرده بودم

چشمی در کاسه‌ی شرابِ خون
و چشمی دگر به جستجوی پاسخ
جا گذاشته‌ای

گوی آتش است
چشم باز به‌جامانده‌ی نگران‌ات

جهان را سوزانده است

دخترم
باورت نکرده بودم
جهان باورت کرده‌است

------------------

* این شعر در ژوئن ۲۰۰۹ سروده شد و امکان نشر در مجموعه شعر «هم‌صدایی با دوئت شبانصبحگاهی» را در ایران نیافت.

## دهان پرشکوفه

زبان باز می‌کنم
با جوانه‌هایی که سرمی‌تَرکانَند
در نی‌نی چشم‌هایم

زبان می‌زنم
درون ریشه‌های ماندگار
در غشای لزج مغز
که فصل‌ها را می‌شناسد

ب + ز + ه + ز + ا + ر
م + ز + ی + آ + ز + ی + د

بزهازر میزآزید

با زبان زرگری
و یا هر زبان دیگری
سخن بگویی
دهانت
پر از شکوفه می‌شود

زبانْ‌زدِ تمام فصول
«بهار می‌آید»
با انبوهیِ شکوفندگی غنچه‌های رنگارنگ

### رامشِ سپیدِ سپیده
تقدیم به زنان شجاعی که روسری‌شان رامشگر آزادی شد

زنی از سکویی
می‌رود بالا
آن والا می‌رود بالا
بالاتر از والا
آن بالا

بال می‌زند
بال بال می‌زند روسری سپیدش
آن بالا

از شاخه‌های بی‌برگی درخت

در زمهریر فصل
می‌رود بالا
آن والا
تا دستِ باد به گیسوانش برسد
آن بالا
و سکویِ بلندِ سکوتش
سپیدِ سپید بال می‌زند
آن بالا
بال بال می‌زند
سپیده‌ای که گلویش
پر از آوازِ سکوت است
آن بالا

رامشگرِ روسری‌اش
چاوش‌خوانِ سکوت سپیده است
رامشی طلب می‌کند باد
از گیسوانِ رامشگرِ آن والا
بالاتر از والا
آن بالا

زنی روسری سپیدش را
بیرق کرد آن بالا
گیسوانش را به آشتی

هوا برد
هوا
آن والا
بالاتر از والا
آن بالا

روسری سپیدش
سکّوِیِ سکوتِ سردِ سال‌ها
چند حرفی است
آن بالا؟
تار موهایش
بیرقِ هزاران هزار حرفی است
آن والا
والاتر از والا
آن بالا

## حافظه‌ی رود

رود
صدای آوازِ
کدامین مسافر است
برای چه کسی
چاووشی می‌خواند

رود
حافظه‌ی ماهیان آزاد ندارد
تا راه رفته را
دوباره بازگردد
و مرگ را

در زهدانِ جغرافیایش
تجربه کند

رود
چاووش‌خوان نامیرایِ
بی‌بازگشتِ خویش
از کران تا به کران است

رود حافظه ندارد
و چشم در اقیانوس می‌گشاید

رود چاووش‌خوان قبیله‌ی
راهوار خویش است

## وداع

واژه‌های خسته از ترس
روزی با من
وداع خواهند کرد

واژه‌ها
نارسایی مرا
خیلی رسا
نطق خواهند کرد

این همه هیبت ترس را
با خود کشیدم

و بی‌رعایت ماسک و فاصله‌گذاری
واژه‌هایم نیز
به سرفه افتادند و تب کردند

ای ترس
ای هیبت همه هیچِ
آمده از هیچ
مرا از این هیچستانم
به سوی نیستمندانم
ببر
بگذار واژه بی‌ترس
پژواکِ صدایِ خود شود

## پرندهٔترسایان شالیزار

سرْسبزی گیلان
سرْ راست می‌کند
از پشتِ خمیده‌ی زنانِ شالیکار
ساقه‌های نزارِ سختْ بِرَنج
میل بِرِنج‌دانه‌گی می‌کند باز
از بِرِنجْ‌زار گشنه‌ی برزه‌گاو*

مترسک‌های مصلوبِ یک‌جا نشین
پرندهٔ-ترسایان همیشگیِ شالیزار
بی پرِ پرواز و بی‌دل‌دار
می‌لرزد با گالیِ تن‌پوش‌اش در باد

خیال هرجا نشینی دارد
این یک‌جا نشین

با پشتِ خمیده‌ی زنان شالیکار
شالیزارهای گیلان
یک‌دست سبز شده‌است دوباره
رقصِ سبزینهٔ-دانه‌های جُوکول**
ردیفْنشسته بر کاکُلِ ساقه‌های بِرِنج
بی‌قرار می‌کند
پرندگانِ بِرَنجِ دانه‌ی بِرِنج

در چشم پرنده
مترسکِ گالی‌پوش
با کلاهِ خانی بر سر
گاه خود را به‌خواب می‌زند

سرسبزی یک‌دستِ گیلانِ
سر راست می‌کند دوباره
با پشتِ خمیده زنان شالیکار

------------------------

* واژه‌ی مهجور به معنی شخم زراعت با گاو که با آن زمین را شیار دهند.
* جُوکول، دانه‌های سبز نورس بِرِنج به زبان محلی گیلکی.

## هیچ بی‌پایان

زنی که ترس
تمام ریه‌اش را پر کرده
سلام می‌دهد
تا یک صبح سگی را
در غایت صلح
از کنارم بگذرد
در پیاده‌رو تنگ

فرنچ فرایزِ* از شب مانده
در زباله‌های دهان‌گشاد
معده‌ی مرد بی‌خانمان را

می‌پیچاند
و چون سنگی سرد
هضم نشده باقی می‌ماند

بوی بِرِشته شدن چیکن کنتاکی**
بوی فرنچ فرایزِ تازه سرخ شده
فضای پارکینک را پر کرده است

مرد بی‌خانمان
بر گرمای آفتاب ظهر
روی پایه‌های سیمانی پل
حساب باز می‌کند

پشت‌اش گرم می‌شود
با گرمای پایه‌های سیمانی پل
در لحظهْ‌لحظه‌هایِ هیچ بی‌پایان

---

* سیب زمینی سرخ‌سده
** مرغ سوخاری

## خسته انتظار

سیب‌های رسیده و هوسناک
با رویای رسیدن
به سرانگشتان‌ات
یائسه و پیر می‌شوند

خسته و ناتوان از انتظار
یک به یک
از شاخه‌ها
بر زمین فرو می‌افتند

**سازم را کوک می‌کنم**
شعری برای مهری جعفری، شاعر و دلداده‌ی کوه و دشت

در فراز و نیستی
در فرود و هستی
چرخ می‌زنم وُ
جهان را می‌چرخانم

دل و جان
این پا و آن پا می‌کند
دل این سو
جان آن سو

کنار آمده‌ایم با هم

اکنون کنار همیم
و من دوباره
«سازم را کوک می‌کنم*»
هر دو به یک ساز
کوک شدیم
کلید سل
نتی با اوج قله
و فرودی به نهایت دره

دل تپید
جان به‌لرزه افتاد
در دل مهری
در مهر جانی
در تن دردی
در سر آه

نت خواب می‌بارد
سپید وُ سپید وُ سپید. . .
بر کیسه‌ی خوابِ
سبز وُ سبزِ بی‌خواب

----------
*نام دفتر شعری از مهری جعفری

## جمعه‌ها تعطیل نیست

شلاق
ترس هوا را می‌دَرَد
و تنِ همه‌ی روزهای هفته
چاکاچاک
شده‌است

و جمعه‌ها تعطیل نیست

شلاق
آویزانِ بامداد می‌شود

پوست‌های زیبا
با سرهایی زیباتر
و موهایی هم سپیدُ هم سیاه
ابلقی از روزانِ خیس و نمور

و جمعه‌ها تعطیل نیست

هیچ روزی با هیچ
پر نمی‌شود
هیچ روزی از روز
تعطیل نمی‌شود

و جمعه‌ها تعطیل نیست

آمر به مرگ استراحت نمی‌دهد
و سهم هر اعتراض را
به‌پای مرگ می‌نویسد

طناب
گیسِ بامداد را می‌کَشد
و جان را که می‌کَشد
تا صبح را از سقف به زیر کَشد

دار
گردنِ زندگی می‌گیرد
در این جانْ‌گیری
زن و مرد را برابر می‌گیرد

و جمعه‌ها تعطیل نیست

## پیچش صدا

صدای زنانه‌ای می‌گوید
متاسفم
این آدرس
وجود خارجی ندارد

دوباره شماره خیابانی را می‌پرسم
که از قبل می‌دانم
وجود خارجی ندارد

مسیری را که هرروز
بی‌اشتباه طی می‌کنم

از GPS می‌پرسم
سر هر پیچ و توقف
در پشتِ هر چراغ قرمز
صدایش از بلندگوی اتومبیل
در گوشم می‌پیچد

من دیگر تنها نیستم
صدای زنانه‌ای
حس تنهایی سفرهایم را
می‌زداید

## پروا

تنانگی ما
در تبِ تن‌آغوشی می‌سوخت
و آغوش را
پروا می‌کرد

تنانگی ما کاش
اغوای تن‌آغوشی را
پروا نمی‌کرد

## دریغ از ...

آن‌قدر از زنان و
دختران سرزمینم
به جرم پیدایی گیسوان‌شان
گیس کشیده‌اید که

آن‌قدر سرِ مادران و
خواهرانم را
به جرم زیبایی چهره‌شان
بر کفِ خیابان کوبیده‌اید که

آن‌قدر اسید تحجر

بر چهره‌ی شریفْ‌بانوان ایران
ریخته‌اید که

آن قدر بر دریغِ آغوش و عشق
در خیابان
نهی از زندگی
کرده‌اید که

آن‌قدر با تازیانه
بر تن و جانِ زندگی
زخمه زده‌اید که

آن‌قدر ذهنِ بیمارتان
نشان زیبایی را
هرزه‌گری نامیده‌است که

آن قدر از شیپور گلدسته‌های مساجد
مرگ بر آغوش
مرگ بر عشق
مرگ بر این
مرگ بر آن
گفته‌اید که

آن‌قدر ندا و زهرا
مهسا و نیکا
حدیث و سارینا
حنانه و غزاله

آن‌قدر زن و زندگی
در دل خاک نهان کرده‌اید که

اینک به هر کجای این خاک و دریا
نظر می‌اندازی
گیسو روئیده است

اینک از هر سوی این سرزمین
گیسوانِ زنان ما
رقصِ درفش آزادی است

### اندوه زمینیان

من از سرزمینی گذر کردم
که ابرهای سترون‌اش
پر از اندوه زمینیان بود

ماهیانی سرگردان
که لا به لای بستر زخمیِ رود
عشق را باردار نمی‌شدند

صدای مؤذن
هیچ گوشی را
حامله نمی‌کرد

من از سرزمینی عبور می‌کردم
که سر نداشت
و پر از جای پا بود
پا بود و بی‌سر
بی‌سر بود و با پا

می‌رفتم و هی می‌رفتم
به پاهای دیگر می‌پیچیدم
پا به پای پاها
هی می‌رفتم و می‌رفتم و

کدام صدا بود
که دستِ خوابم را گرفت
به سوی بیداری

## که بیاید ...

سال‌ها در انتظارم
که هر لحظه
بیاید

خودم را در خود
رها کردم تا
بیاید

شب را بیدارْخواب ماندم و
منّت‌دار پِلک شدم
روزها برای آمدنش

خلوت کردم تا
بیاید

من آیا با او
رو در رو و
چشم در چشم می‌شوم
هنگام که
بیاید

آمده بود آیا
من نبودم
یا نبودم تا که
بیاید

اگر که هست
من نیستم
اگر که نیست
پس هستم

### در بی‌کجایی

زبان
سرزمین امن من است
در زبان است که من
سرزمین‌ام را
به هر در کجا
در کام دهان‌ام
با خود می‌چرخانم

در بی‌کجایی‌ام
زبان
سرزمین مادری من است

## سیب گلو

بلندگوی محوطه‌ی زندان
که چانه‌اش با اذان صبح
گرم شده‌بود
ساکت شد ......

بقچه‌ی لباس‌ات را
تحویل‌ام دادند

بقچه را باز کردم
در جیب‌های کت‌ات
بوسه‌هایت را یافتم

هنوز داغ بود و پر از عشق

شامه‌ام با بوی تنِ آخرینِ هم‌آغوشی‌ات
پر شد

پیراهن و کت و شلوارت را
روی چوب‌رختی
آویزان کردم
آویزان
آویزان

یقه‌ی پیراهنت
هنوز دارد سیب گلویِ‌ات را
نشان‌ام می‌دهد
و هربار چون حلقه‌ی ماری
نمایشی از رقصِ مرگ
در دورِ گردن‌ات را
اجرا می‌کند

خیابان شلوغ شده‌است
پنجره را باز می‌کنم
گوش اتاق برای شنیدنِ شعارها
تیز شده .........

سیبِ له شده‌ی گلویت
فریاد من
از پنجره‌های اتاق
به حنجره‌های جوان
حنجره‌های جوان
و به سوی
دهان‌های ...

پیراهنِ آویزان‌ات
شوق پوشیدن
در خیابان را
تنم می‌کند

## میانْ‌سال کودک

در گوشه‌ای از این جهان
فریادهای کودکْ‌مادری
مرا می‌زاید

اکنون
میانْ‌سال کودکی‌ام
که از شدت بیداری درد
با ترک خوردگی پوستْ‌رنج تن‌ام
این‌بار مرا را
با سایه‌هایم
می‌آفرینم

## ساعت ۵ و ۱۰ دقیقه

عقربه‌های ساعت میدان شهر
چارچشمی
تمام چارجهات عصرِ یکشنبه را
با ۵ و ۱۰ دقیقه‌اش
می‌نگریست
و از من
ثانیه‌ای حرکت را
دریغ می‌کرد

کوهِ پشت سرش
و دریای آرامی که از پسِ خیابانی

به او خیره شده‌بود
در سکوت‌اش
بی‌حرکت مانده بود
در ساعت ۵ و ۱۰ دقیقه
عصرِ یکشنبه

نفسْ نفسْ
به پیش می‌رانم
ثانیه‌ها را
در ساعتِ خواب ۵ و ۱۰ دقیقه‌ی
عصر یکشنبه

## مرگ مغزی واژگان

وقتی واژه‌های مهربان و صمیمی
مرگِ مغزی شدند
آن‌ها را به واژه‌های خشن
پیوند زدم

شعرم روان‌تر
و لهجه‌اش انسانی‌تر شد

پدر شاخه‌ای از سیب را
به تنه‌ی درختی که میوه‌هایش چَغر بود
پیوند می‌زد

انبوهی از میوه‌های شاداب
بر شاخه‌های درخت می‌رویید
و مزه‌ی شیرینی و لذت
گرد دهان و زبان می‌نشست
زمین نیز
به شاخه‌های پر از میوه
نزدیک‌تر و صمیمی‌تر می‌شد

پدر مرگ مغزی شد
قلب‌اش را
به سینه‌ای که در انتظارِ
نظمِ تپیدن بود
ریه‌اش را
به بدنی که تنفس‌اش
به سکسکه افتاده بود
کلیه‌اش را...
به جان‌های محتضر
پیوند زد

## کودک خواب‌آلوده‌ی درون

وقتی ناتوان و خسته‌ی دست و پا زدن‌ام
خود را به موج به باد
به مسیر ناخواسته
می‌سپارم

وقتی تمام روزنه‌ها
و سوی‌سوی امید بسته است
رویاهایم را شیرین‌تر می‌پرورانم
خیال‌بافی می‌کنم
رها می‌شوم
در موج پرتلاطم زندگی

کودک به‌خواب رفته‌ی درون را
صدا می‌زنم
بازیگوشی منجمدشده‌ی
این همه سال‌ها را
به‌دنیا می‌آورم
و درآغوش می گیرم

دوباره کودکی می کنم
دوباره به جستجوی «چهره آبی»* عشق
قدم برمی‌دارم

آرمان‌هایم
دوباره
صف کشیده‌اند

---------

* آی عشق چهره آبی‌ات پیدا نیست. (احمد شاملو)

## مانیفستِ نگاه

من قایقی دیدم پر از مدیترانه بود
هی کش می‌آمد با بی‌نام و نشان‌هایی که شمایلِ ناس و آدم و نفرند
جان‌های خسته‌ای که گرفتارِ گردابِ مکنده‌اند گه دست و گه پا می‌زنند

من قایقی دیدم مدیترانه می‌بَرَد و دریایش تمام نمی‌شود
در خط نگاهِ نام‌ها و
جان‌های مهاجرِ بی‌نام و نشان که تویی و تویی که منم
و منم که از ناس و آدم و بشرم
در دریایی از مدیترانه‌ی بی‌ترانه‌ای
در باتلاق گردنْ‌کشی درحال دست و پا زدنم

هی صبح می‌شود و ظهر می‌آید  گرم می‌شوم
هی شب می‌شود و ماه برمی‌آید  سرد می‌شوم
پوستِ رنگْ‌گمْ‌کرده‌یِ تنم          نور از مهتاب می‌گیرد
تاول دهان و زبانِ نگشوده‌ام   از عطشِ خورشید   تشنگیْ
لب می‌گیرد
خاکِ تنم تَرَک می‌خورد    منِ بی وطنم خاک می‌خورد
بیا که بی‌جهانْ‌ترین تنِ این وطنم   و تنم که در این جهانِ بی‌وطنم
بی‌صداترین صدایِ این آبگندِ جهانِ حیله‌گرم

«رفتگانم را برگردان!»*

برای شمس آقاجانی

با خبر، قلب‌ام شکست!
همه‌ی تیکه‌های سرخ‌اش را
زیر عکس‌های شمس
در اینستاگرام گذاشتم

برای دیدنِ این همه
عکسِ زندگی
قلب می‌خواهد

---------------
* برشی از شعر شمس آقاجانی

## رگبار واژه‌های‌های خیس

همه جا را
روشن می کند
صاعقه

برق می زند
چشم‌های دخترک بی‌خانمان

آسمانِ چشم‌هایش
بی چتر
خیسِ باران

بازیگوشی شبانه ابرها

رگبار واژه‌های‌های خیس
می‌ریزد
از شانه‌های درخت
بر دیوار گرافیتی شهر

خواب از چشمِ شب
می رباید
صاعقه

### لهجه‌ی آب

مشتْ مشت آب کاسپی را
در دهان این جنازه جذرناپذیر
می‌چکانم

من در رگه‌های کدام تنه این فسیل درختی
غنوده‌ام که لهجه‌ی
آب گرفته است

سال‌ها با زبان مد
تشنهْ
خیس‌ام می‌شود.

## بیوگرافی

**هادی ابراهیمی رودبارکی** متولد ۱۳۳۳- رشت؛ شاعر، نویسنده و سردبیر سایت شهرگان آنلاین؛ مجله‌ی دیاسپورای ایران فرهنگی در ونکوور کاناداست.

فعالیت ادبی و هنری ابراهیمی با انتشار گاهنامه فروغ در لاهیجان در سال ۱۳۵۰ شروع شد و شعرهای او به تناوب در نشریات نگین، فردوسی، گیله‌مرد، گردون، تجربه، شهروند کانادا و مجله شهرگان آنلاین چاپ و منتشر شدند.

او فعالیت فرهنگی خود را در دیاسپورای ایران فرهنگی - کانادا از سال ۱۹۹۲ با نشریه‌ی «نمای ایران» آغاز کرده و سپس در فرگشتی «آینده» و «شهروند ونکوور» را منتشر کرد و از سال ۲۰۰۵ تاکنون نیز سایت شهرگان را مدیریت می‌کند.

ابراهیمی همراه با تاسیس کتابفروشی هدایت در سال ۲۰۰۳ در نورت ونکوور، به نشر کتاب‌های شاعران و نویسندگان دیاسپورای ایران فرهنگی پرداخت و بیش از ۱۰ کتاب را توسط نشر آینده و نشر شهرگان روانه بازار کتاب کرد. اولین انجمن فرهنگی-ادبی را با نام پاتوق فرهنگی هدایت در سال ۲۰۰۳ به‌همراه تعدادی از شاعران و نویسندگان ایرانی ساکن ونکوور راه‌اندازی کرد که پس از تعطیلی کتابفروشی هدایت در سال ۲۰۰۷ این انجمن با تغییر نام «آدینه شب» برای سال‌ها فعالیت خود را بطور ناپیوسته ادامه داد.

هادی ابراهیمی رودبارکی در سال ۲۰۱۰ رادیو خبری-فرهنگی شهرگان را تاسیس و تا سال ۲۰۱۵ فعالیت خود را در این رادیو ادامه داد.

**آثار منتشر شده و در دست انتشار:**

۱- «یک پنجره نسیم» نشر آینده - ونکوور، کانادا - ۱۹۹۷

۲- «همصدایی با دوئت شبانصبحگاهی» نشر بوتیمار- ایران - - ۲۰۱۴

۳- «با سایه‌هایم مرا آفریده‌ام» گزینه یک دهه شعر - ۲۰۲۴ - نشر آسمانا - تورنتو، کانادا

۴- « گیش‌برگ درختان پائیزی» مجموعه شعرهای کوتاه و چند هایکوواره - در دست تهیه.

۵- «ثریا و یک پیمانه شرابِ قرمز» گردآورد داستان‌های کوتاه - در دست تهیه

## انتشارات آسمانا (تورنتو) منتشر کرده است:

### پژوهش‌های علمی و دانشگاهی

- *Music on the Borderland: Remembering and Chronicling the 1979 Revolution's Shadow on Iranian Music*, by K. Emami, 2024.
- *Whispers of Oasis: Likoo's Poetic Mirage*, by M. Ganjavi, A. Fatemi and M. Alimouradi, 2024

- *دلالت‌های تحلیل طبقاتی در سرمایه‌داری امپریالیستی*، محمد حاجی‌نیا و شهرزاد مجاب، ۲۰۲۴
- *شبِ سیاه و مرغان خاکسترنشین؛ شعر نیما در دهه‌ی دوم: ۱۳۲۱ ـ ۱۳۱۱*، ۲۰۲۴
- *حافظ و بازگویی*، تالیف رضا فرخفال، ۲۰۲۴
- *زنان کُرد در بطن تضاد تاریخی فمینیسم و ناسیونالیسم*، تالیف شهرزاد مجاب، ۲۰۲۳
- شورش دهقانان مکریان ۱۳۳۲ ـ ۱۳۳۱ *: اسناد کنسولگری، مکاتبات دیپلماتیک و گزارش روزنامه‌ها*، پژوهش امیر حسن‌پور، ۲۰۲۲

### تصحیح انتقادی

- *تاریخ شانژمان‌های ایران*، تالیف میرزا آقاخان کرمانی (به کوشش م. رضایی تازیک)، ۲۰۲۴
- *رستم در قرن بیست‌ودوم* (تصحیح انتقادی و مصور)، تالیف عبدالحسین صنعتی‌زاده (ویرایش م. گنجوی و م. منصوری)، ۲۰۱۷

## شعر

- شهروندان شهریور، غزل از سعید رضادوست، ۲۰۲۴
- آینه را بشکن، شعر از نانائو ساکاکی، ترجمه مهدی گنجوی، ۲۰۲۴
- عجایب یاد، شعر از امیر حکیمی، ۲۰۲۳
- کهکشان خاطره‌ای از غروب خورشید ندارد، شعر از مهدی گنجوی، ۲۰۲۳
- غریبه‌هایی که در من زندگی می‌کنند، شعر از مهدی گنجوی، ۲۰۲۱
- تبعیدی راکی، شعر از علی فتح‌اللهی، ۲۰۱۸

## داستان

- فیل‌ها به جلگه رسیدند، رمان از کاوه اویسی، ۲۰۲۴
- درنای سیبری، نمایش‌نامه از علی فومنی، ۲۰۲۴
- مقامات متن، رمان از مرضیه ستوده، ۲۰۲۴
- انتظار خواب از یک آدم نامعقول، مجموعه داستان از مهدی گنجوی، ۲۰۲۰

برای ارتباط با نشر آسمانا:

Asemanabooks@gmail.com
Asemanabooks.ca

# With My Shadows, I Created Myself

## Hadi Ebrahimi Roudbaraki

Asemana Books

2024

I0243256

------------------Asemana Books--------------